见识城邦

更 新 知 识 地 图 　 拓 展 认 知 边 界

Im Schwarm

Ansichten des Digitalen

Byung-Chul Han

在群中

数字媒体时代的
大众心理学

[德] 韩炳哲 著　　程巍 译

中信出版集团 | 北京

图书在版编目（CIP）数据

在群中：数字媒体时代的大众心理学 /（德）韩炳
哲著；程巍译 . -- 北京：中信出版社，2019.3（2025.1 重印）
　　书名原文：Im Schwarm
　　ISBN 978-7-5086-9691-1

　　Ⅰ.①在…　Ⅱ.①韩…②程…　Ⅲ.①数字技术—多
媒体技术—影响—群体心理学—研究　Ⅳ.① C912.64

中国版本图书馆 CIP 数据核字（2018）第 243935 号

在群中：数字媒体时代的大众心理学

著　　者：[德] 韩炳哲
译　　者：程　巍
出版发行：中信出版集团股份有限公司
　　　　　（北京市朝阳区东三环北路 27 号嘉铭中心　邮编　100020）
承　印　者：北京通州皇家印刷厂

开　　本：880mm×1230mm　1/32　　印　　张：4　　　字　　数：48 千字
版　　次：2019 年 3 月第 1 版　　　印　　次：2025 年 1 月第 13 次印刷
京权图字：01-2018-6481
书　　号：ISBN 978-7-5086-9691-1
定　　价：35.00 元

泪眼婆娑，我复归土。

——《浮士德》

目　录

前　言

鉴于电子媒体的崛起，媒介理论家马歇尔·麦克卢汉（Marshall McLuhan）在 1964 年指出："电子技术就在我们身边，在其与古腾堡技术的碰撞中，我们变得麻木，又聋又瞎又哑。"[1]

如今数字媒体的情况也大抵如此。我们被这种新媒体重新编程，却还没有完全理解这一激进的范式转换。我们对数字媒体趋之若鹜；它却在我们的主观判断之外，极大地改变着我们的行为、我们的感知、我们的情感、我们的思维、我们的共同生活。如今，我们痴迷于数字媒体，却不能对痴迷的结果做出全面的判断。这种盲目，以及与之相伴的麻木即构成了当下的危机。

毫无敬意

尊敬（Respekt）的字面意思是"回头看"[1]。回头看也就是一种顾及。如果在与人交往中充满敬意，人们就会收敛好奇的窥探。尊敬的前提是有距离的目光，以及保持距离的激情（Pathos）。当今社会中，尊敬可以降服无距离的展示，而后者恰恰是轰动事件的特征。"轰动事件"（Spektakel）这个词，源自拉丁语中的动词 spectare，意指一种窥淫癖式的窥探，这与有距离的顾及即尊重（respectare）相悖。距离将尊重

1　从构词法来说，re- 前缀有"向后"或者"回"的意思，spect 词根则表示"看"。因此 respect 有"回头看"的意思，德语单词 der Respekt 亦如此。（本书脚注均为译者注。）

（respactare）从窥看（spectare）中区分出来。一个社会如果没有尊重，没有保持距离的激情，那它将变成一个丑闻社会。

尊重是公众性（Öffentlichkeit）的基石。前者消退，后者倾塌。公众性的倾塌与敬意的流失互为条件。公众性的前提之一是对隐私保持尊重，避而不看。保持距离有利于公共空间的建构。然而，如今世界所充斥的是一种彻底的无距离感：私密被展览，隐私被公开。没有距离（Abstand）就没有了体面（Anstand）。同时，理解（Verstand）也是以有距离的目光为前提的。但是数字媒体中的交流普遍消减了距离。空间距离的削弱带来的是精神距离的消融。数字的媒介性不利于尊重。恰恰是如"阿底顿密室"（Adyton）[2]一般的隔绝和分离的技术才能生成敬畏和赞赏。

距离的缺失导致公众的东西和私人的东西混为一谈。数字媒体中的交流促进了对隐私和私人空间的色情化展示。社交媒体也被证明是隐私的展示空间。社交媒体将信息的生产由公众领域转移到了私人领域，从而也就完成了交流的私人化。罗兰·巴特（Roland Barthes）将私人领域定义为"某种时间或空间，在其中我不是影像，也不是对象"[3]。按照这一定义，今天的我们已不再拥有任何的私人领域，因为我们找不到任何没有影像、没有照相机的地方或者时刻。谷歌眼镜将人眼本身转化成一部照相机，眼睛自己就能照相。这样一来，私人领域更加无从谈起。普遍存在的图标强迫症和色情强迫症让它烟消云散。

尊重是与姓名相联系的；匿名与尊重互相排斥。数字媒体所促进的匿名交流大大削弱了尊重，并且要对目前正在蔓延的轻率言论和敬意全无的文化负连带责任。网络暴力也是匿名的，这也正是它的威力所在。姓名与尊重如影随形，因为姓名是认可的基础，认可总是指名道姓的。与实名相伴的还有像责任、信赖或者承诺这一类的行为。信赖可以被理解为一种对名字的信任。责任和承诺也是一种以姓名为基础的行为。

数字媒体将信息和信使、新闻和发送者相剥离，从而也就销毁了姓名。

网络暴力有多方面的原因。它在一种毫无敬意的、言行草率的文化中成为可能。尤其在数字媒体的交流中，恶意评论是一种固有的现象。它和读者来信有本质上的差别：后者基于模拟的[1]书写媒介，姓名清楚地随信注明。匿名的读者来信很快会被丢进报社编辑部的垃圾桶。读者来信另外还有一个延时性的特点：当人们奋笔疾书，或者用打字机撰写书信的时候，最初的愤怒已经云消雾散。但与之不同的是，数字交流让人可以马上发泄冲动。这种即时性所传递的冲动要多于传统的模拟交流。从这个角度来说，数字媒体即是一种散播冲动的媒介。

数字联网促进了对称性的交流。交流的参与者如今不再只是被动地消费信息，而是主动地生成信息。

---

1 "模拟的"（analog）一词是与"数字的"（digital）相对的概念，下文中的"模拟媒体"即指与数字媒体相对的传统媒体。

在这里不存在明确的等级，把信息的发送者和接收者区分开来。每个人都同时是发送者也是接收者，既是消费者又是生产者。然而这种对称性对权力不利。权力的交流是单向的，即自上而下的。交流的逆流会打乱权力的秩序。网络暴力就是一种带有所有破坏性特征的逆流。

网络暴力体现了政治交流中权力的经济学转移。网络暴力言论在权力和权威式微的空间里膨胀。也就是说，恰恰在等级差异小的领域里，人们会诉诸网络暴力。作为一种交流媒介，权力使得交流单向地顺畅进行。掌权者所选择的行为似乎被受统治者无声地遵从。声音，或者说噪音是权力开始瓦解的一个声学信号。网络暴力言论也就是一种交流中的噪音。犹如神授一般的超凡能力（Charisma）是一种权力的光环效应，它是抵挡网络暴力的最好的盾牌，让网络暴力无以为生。

在面对权力的时候，让别人采取"我"所选择的行为、分享"我"的意志所做出的决定变得更加不可能。作为交流媒介的权力使得人们在"不"的可能性面前，更加趋向于说"是"。"是"与"不"相比要寂静得多——"不"总是高声的。权力交流削弱了声音和噪音，这也就意味着：交流中的信息量对等被大大地削弱。因此，权力发出的命令（Machtwort）能够顷刻间清除膨胀的噪音，创造出一种寂静，从而也就创造出了行动的回旋余地。

作为交流的媒介，尊重所起的作用与权力相似。受尊重的人的观点和他所采取的行动经常被人不加异议、不加反驳地接纳和传承。受尊重的人甚至会被当作榜样模仿。这种模仿就相当于权力媒介中毫不犹豫的服从。因此，尊重被削弱的地方也正是喧嚣的网络暴力产生的地方。人们不会对一个他们尊重的人施加暴力言论，因为尊重总是带有个人价值和道德价值的特性。普遍的价值沦丧让尊重的文化土崩瓦解。如今的榜样已经没有了内在价值，他们最主要的特征是外在的品相。

权力是一种不对称的关系，它形成了一种等级关系。权力交流不是对话式的。与权力不同的是，尊重不一定是一种不对称的关系。虽然人们尊重的对象常常是榜样或者上级，但是基于对称性的相互认可而形成的互相尊重也是完全有可能的。所以也就是说：一个当权者甚至完全有可能尊重一个被统治者。如今随处肆虐的网络暴力表明，我们生活在一个没有互相尊重的社会里。尊重需要距离。不管是权力还是尊重，都是能够产生距离的、需要保持距离的交流媒介。

鉴于网络暴力，人们不得不对"统治权"（Souveränität）这个概念重新加以定义。卡尔·施米特（Carl Schmitt）认为，统治者（Souverän）是对特殊状态做出决断的人。这句关于统治权的名言可以被翻译成与声学相关的表达：统治者是能够制造绝对的寂静、能够清除每一个噪音、能够顷刻让所有人沉默的人。施米特本人没能体验数字网络，不然他会陷入十足的危机感。众所周知，施米特一生惧怕电波（Schwellen）[1]。
网络暴力也是一种形式的波，一种完全失控的浪潮。
据说，年老的施米特因为对电波的恐惧，扔掉了家里
的收音机和电视机。他甚至觉得有必要因为电磁波而
重新改写他关于统治权的名句："第一次世界大战后
我说：'统治者是对特殊状态做出决断的人。'在第二
次世界大战之后，考虑到我的死，我说：'统治者是
拥有宇宙波的人。'"[4] 在数字革命之后，我们将不得
不再次改写施米特关于统治权的名言：统治者是掌握
网络暴力的人。

1　Schwellen，浪潮，也译作"波"，转译为"电波"。

愤怒社会

愤怒的浪潮在调动和捆绑注意力方面是十分高效的。但是由于它的流动性和挥发性，它并不适合于构建公共话语和公共空间。就这一点来说，它过于不可控、不可预计、不稳定，过于短暂，过于不定形。它会迅速膨胀，但是也同样会快速地消散。在这方面，它和"快闪"（Smart Mobs）相似，它们都不够稳固，缺乏稳定性和持续性；而这些特性对于公共话语来说，却是不可或缺的。因此，它不能融入到一种稳固的话语关联之中。愤怒的浪潮通常产生于那些从社会或者历史的角度来看微不足道的事件。

愤怒社会是一个丑闻社会，它缺乏平和

（Contenance），缺少自制。愤怒的浪潮所特有的不顺从、歇斯底里和难于驾驭，让审慎的、实事求是的交流、对话、话语成为不可能。因为，自制对于公众性来说是具有积极意义的；距离对于构建公共性来说也是必要的。此外，愤怒的浪潮还缺乏集体认同性。因此，它不能形成一个稳定的、具有社会性忧虑结构的"我们"。所谓的愤怒公民，他们的忧虑并不是针对全社会的；在很大程度上，那是他们自身的担忧。因此，愤怒的团体也就会迅速地解散。

《伊利亚特》开篇的第一个词就是 menin，即愤怒。"歌唱吧，女神！歌唱珀琉斯之子阿基琉斯的愤怒。"这就是西方文化的第一部叙事史诗的开端。在这里，愤怒是可以歌唱的，因为它承载了《伊利亚特》的叙述，赋予其以结构、灵魂、生命和韵律。它简直就是英雄故事的情节媒介。《伊利亚特》是一首愤怒之歌。这种愤怒是叙事性的、史诗性的；因为正是它带出了特定的情节。这也正是这种愤怒和愤怒的浪潮与作为冲动的愤怒之间的根本差别。数字的愤怒是不可歌唱的。它既不能引发情节，也不能引领叙事。它更多地是一种冲动的状态，没有展开情节的能力。现代社会所表现出的普遍的分散性让愤怒的叙事能量无以释放。更强意义上的愤怒远不止一种冲动的状态。它是一种能力，能让现有的状态中断，并且开始一种新的状态，从而创造未来。但是如今的群体愤怒是极其易逝和分散的。它没有任何情节所需的分量和凝聚力。它不能生成未来。

在群中

在《乌合之众》(*Psychologie der Massen*，1895)一书中，大众心理学家古斯塔夫·勒庞(Gustave Le Bon)将现代定义为"大众的时代"，是人类思想趋于转变的关键性时刻之一。他认为当下是"向着无政府状态过渡的时期"。未来的社会组织将不得不面对一种新的权力，即大众的权力。他言简意赅地断言："我们正在步入的时代实际上将是一个大众的时代。"[5]

勒庞认为传统的统治秩序已经瓦解。"大众的声音"如今占了上风。由大众组成的"辛迪加让所有的当权者都不得不甘居其下；他们的团体试图调整工作条件和工资，全然置经济规律于不顾"[6]。议会中的

代表只不过是他们的杂役。在勒庞看来，大众体现了
新的统治关系。"大众的神权"将会替代王权。对于
勒庞来说，大众的崛起不仅导致了统治权的危机，也
造成了文化的衰落。因为如其所言，大众是"文化的
破坏者"。文化的基础恰是"那些孤立无援的大众完
全无法接触及的条件"[7]。

　　显然，如今的我们又一次身陷危机。我们正处于
一个关键的过渡时期。这一过渡的始作俑者似乎是另
一次变革，即数字革命。群体的结构再一次取代了现
有的权力关系和统治关系。这个群体就叫作"数字
群"（der digitale Schwarm）。它所表现出的特点与群
体的经典结构，即我们所说的大众（Masse）是截然不
同的。数字群之所以不能成为大众，是因为它没有灵
魂，没有思想。灵魂是有聚合性和凝聚力的。而数字
群由单独的个人组成，其群体结构与"大众"完全不
同。它所表现出来的特点无法回溯到个人。在这个由
个人汇集成的新的群体里，个人却失去了属于自己的

特征。人与人的偶然聚集尚不能构成大众，只有当一个灵魂、一种思想将他们联系在一起，才能组成一个团结的、内在同质（homogen）的群体单位。数字群完全没有群体性的灵魂或者群体性的思想。组成数字群的个人不会发展成"我们"，因为他们无法协调一致，无法将一群人团结在一起，形成一个有行动力的群体。与大众不同，数字群不是内聚的，它无法形成一种声音。网络暴力也同样缺乏这样一种声音，因此才被认为是噪音。

在麦克卢汉看来，电子人（homo electronicus）[1]是具有大众特性的人（Massenmensch）："有大众特性的人是地球上的电子居民，他同时与其他所有人相联系，就像是坐在一个全球性体育场里面的观众。正如观众在体育场里谁也不是一样（niemand），电子居民的个人身份由于过度的占用（übermäßige Beanspruchung），

1　指在电子媒体（如广播、电视等）环境影响下的人。

而在心理意义上消融掉了。"[8]但数字人（homo digitalis）却绝非"谁也不是"。就算是作为群体中的一个部分出现，他仍保持着自己的个人身份。虽然他的表达方式是匿名的，但通常来说数字人有其自己的形象（Profil），并且不断地致力于改善自己的形象。他并非"无名之辈"（Niemand），而是彻彻底底的"重要人物"（Jemand）[1]，他要展示自己，要引人注目。与之相反，大众媒体中的"无人"（Niemand）并不寻求别人对他本人的关注。他的个人身份已经消融，他将自己融于群体之中。群体也即是他的幸福。他无法匿名，因为他本就是"无名之辈"（Niemand）。数字人与之不同，虽然数字人是匿名出现的，但他并非"无人"，而是"某人"，也就是"匿名的某人"（ein anonymer Jemand）。

1　Niemand 和 Jemand 是一对相反的概念，即英语中的 nobody 和 somebody。根据上下文，本文中相应地将这对概念翻译为"无人"和"某人"以及"无名之辈"和"重要人物"。

此外，数字人的世界还表现出完全不同的拓扑结构（Topologie）。在这里，体育馆或者竞技场都属于陌生的概念，因为它们是人群聚集的地点，属于群体拓扑学的范畴。网络的数字居民并不聚集。他们缺乏聚集的内向性（Innerlichkeit der Versammlung），即一种可以把他们变成"我们"的特性。他们组成的是一种"汇集而不聚集"（Ansammlung ohne Versammlung）的特殊形式，构成了"没有内向性的群体"（Menge ohne Innerlichkeit），没有灵魂，亦无思想。他们主要是那些独自坐在电脑屏幕前的、与世隔绝的、分散的"蛰居族"（Hikikomori）。电子媒体，例如收音机，会聚集人群，而数字媒体只会使他们分散。

数字的个体偶尔会汇集在一起，组成例如"快闪"一类的群体行动。但是他们的集体行动模式却与动物群相类似，极其仓促和不稳定。反复无常是它的特征。此外，它还显得如狂欢节一样，轻率而又不负责任。这也正是数字群和传统群体的差别所在，例如工人集体的组成并不是仓促的，而是以意愿为基础的；它没有不稳定的模式，取而代之的是固定的构成。在一个灵魂、一种思想体系的统一下，它朝着一个方向前进。由于它的基础是来自意愿的决心和坚定，因此它有能力组成"我们"，有能力实现共同行动。这种共同行动可以正面地撼动现有的统治关系。只有团结一致地采取共同行动的群体才能生成权力。群体即是权力。数字群恰恰缺乏这种团结性。它不能向前行进。它的解体和它的产生一样迅速。这种流动性造成了它无法发展出政治能量。网络暴力同样没有能力质疑现有的权力关系。它的目标只是个人，即诋毁他们并暴露他们的弱点。

迈克尔·哈特（Michael Hardt）和安东尼奥·奈格里（Antonio Negri）认为，全球化会带来两种相对的力量。一方面它催生了一种非集中的（dezentrierte）、非领土性 (deterritoriale) 的资本主义统治秩序，即"帝国"（Empire）。另一方面随之产生的是所谓的"多众"

（Multitude），即由个体组成的集合，他们通过网络互相交流，共同行动。多众在帝国之内对抗帝国。

　　在已经被历史淘汰了的哲学范畴的基础上，哈特和奈格里构建了他们的理论模型。在他们的定义下，"多众"是有共同行动能力的阶级："基本上来说，多众是由在资本的统治下劳动的所有人组成的集合；因此它是一个具有反抗资本统治潜力的阶级。"[9] 来自帝国的强权被阐释为剥削他人的强权："群众（多众）是社会的真正生产力，而帝国则是一架剥削机器。帝国依靠群众的生命力维生，或者借用马克思的话来说，它是一个积累的死劳动[1]的政权（ein Regime der akkumulierten toten Arbeit），只能靠像吸血鬼一样吸活人的血才能续命。"[10] 只有在多个阶级同时存在的前提下谈论阶级才是有意义的。但是多众却是唯一的阶级，因为参与到资本主义体系中的所有人都是其成

1　死劳动是与活劳动相对的概念，意指凝结在产品中的劳动。活劳动则指尚未凝结在产品中的劳动。

员。帝国并不是剥削多众的统治阶级，因为如今人们皆在自我剥削，而同时却还妄想着自己身处自由之中。如今的劳动主体同时既是行凶者又是受害人。显然，奈格里和哈特没有参透这种自我剥削的逻辑。比起剥削他人，自我剥削要有效得多。在帝国之中，实际上无人在统治。让所有人都超负荷运转的资本主义体系是自动生成的。因此，如今即使没有统治也可能出现剥削。

新自由主义经济主体不能构成有共同行动能力的"我们"。随着社会中利己主义的强化和原子化（Atomisierung）的发展，共同行动的空间已经急剧缩小，因而也就更加难以形成一股真正有能力质疑资本主义秩序的反对力量。个体弱化集体。（Socius weicht solus.）为现今的社会法则定基调的并非诸众，而是个体（Solitude）。在现今的社会中，共有的和协作的内容正在普遍沦陷。团结正在消失。私有化正进一步深入人们的骨髓。协作能力的腐坏让共同行动变得越来越不可能。哈特和奈格里并没有认识到这一社会发展趋势，并且恳求多众进行社会主义革命。他们的书以一种社会主义的浪漫口吻结尾："我们在后现代所处的情形与弗朗茨·冯·阿西西[1]相同。我们以存在的欢愉抵御权力的痛苦。这一改革不会控制任何权力——因为生物权力（Biomacht）与共产主义、合作与革命是始终统一在爱、简单与无罪（Unschuld）之中的。这也是作为共产主义者的不受压迫的自在和幸福的体现。"[11]

---

1 弗朗茨·冯·阿西西（Franz von Assisi，1181—1226）是方济各会（又称"小兄弟会"）的创办者，被罗马天主教尊为圣人。

去媒体化

数字媒体是一种现场媒体（Präsenz-Medium）。它的时态是现在进行时。数字媒体的交流特点为：信息在生产、发送和接收的过程中没有经过任何中间人的中转。信息没有通过中介的调整与过滤。介入性的中间审级（Instanz）渐渐地被取消。信息的中介和代理被理解为不透明和不高效，被认为是时间和信息的阻塞。

以电台广播为代表的传统电子大众媒体只允许单向的交流。由于它的结构是角斗场式的，因此不可能形成互动。它那类似放射性（radioaktive）的射线是单方向射出的，始终没有产生回路的折射。信息的接收者注定被动。但是网络的拓扑结构就与角斗场完全不同。角斗场有一个辐射的中心（eine ausstrahlende Mitte），这个中心也表现为权力的主管机关（Instanz）。

今天的我们不再是信息的被动接收者和消费者，而是主动的发送者和生产者。我们不再满足于被动地消费信息，而是希望自己能够主动地去生产信息、完成交流。我们同时既是消费者，又是生产者。像这样的一人分饰两角的情况大大增加了信息量。数字媒体不仅为我们提供了被动观望的窗口，同时也给我们打开了门，让我们可以通过这些门亲手将信息传递出去。Windows（系统）就是有门的窗，Windows 与Windows 之间的交流没有空间和审级的阻隔。透过Windows，我们看到的不是一个公共空间，而是其他的 Windows。这就是数字媒体和广播电视一类的大众媒体之间的区别。像博客（Blogs）、推特（Twitter）或者脸书（Facebook）这样的媒体剥去了交流的媒介。现今的言论社会和信息社会就建立在这样的一种去媒体化的交流基础之上。每一个人都生产信息并发送信

息。交流的去媒体化使得记者这一曾经作为精英代言
人、"舆论制造者"和言论传教士的人群，在当今的
时代里显得多余，就像是误入不属于自己年代的小说
人物。数字媒体消除了所有的信息传教士阶级。广泛
的去媒体化终结了代言的时代。现在，每一个人都想
亲身参与，他们不希望自己的言论经过任何中间人的
阐释。代言正在让位于存在（Präsenz）或者说是共同
代言（Kopräsentation）。

　　不断增强的去媒体化压力也波及政治领域。它让
有代言性质的民主陷于窘境。政治代言人如今的形象
不再是传达者，而变成了某种障碍。如此，去媒体化
的压力就表现为，要求更多的参与和透明度。正是这
样的媒体发展趋势成就了海盗党[1]最初的成功。数字媒

1　海盗党是一个国际政党组织，正式创立于 2010 年的比利时。该党致力
　　于提高公民权利，加强直接民主和公民参与，改革版权法和专利法，
　　倡导自由信息交流（Open Access），改善数据保护，更多的透明度和信
　　息自由，等等。之所以叫海盗党，是因为在英语中，海盗和盗版是同
　　一个词。

体造成的存在压迫感越来越强，普遍地威胁着代言的原则。

代言这件事经常犹如一个功效积极的过滤器。它是选择性的，是它成就了"独家（新闻）"（das Exklusive）。例如，出版社通过高质量的出版计划承担着文化教育和精神教育的责任，它们促进了语言的文明化发展；为了写出优秀的报道，记者们甚至可以冒生命危险。与之相反，去媒体化进程在很多领域中导致了"大众化"（Vermassung）。语言和文化都变得浅薄，越发粗俗。美国畅销书作家贝拉·安德烈（Bella Andre）表示："我能迅速地把我的书打造出来。我不必去说服代理商，让他们相信我的观点。我能精确地写出我的读者们想要的那本书，因为我就是我的读者。"[12] "我就是我的读者"与"我就是我的选民"之间没有实质性的区别。"我就是我的选民"意味着真正的政治家的完结，也就是说，那些始终坚持自己的观点，以远见卓识带领选民前进，而并不是对选民曲意逢迎的那些政治家将剧终谢幕。作为政治时代的未来将化为乌有。

政治作为一种策略性的行动需要以信息的权力（Informationsmacht）为基础，即需要拥有生产信息和分配信息的主权。因此，政治也就不可能摒弃封闭的空间，因为后者是有意识地阻止信息传播的利器。对于政治交流，也即是策略性交流来说，保密是必不可少的组成部分。如果一切信息都立即公开，那么政治将不可避免地变得短暂而短命，并且将淡化为清谈（Geschwätzigkeit）。完全的透明化给政治交流强加了一种时态（Zeitlichkeit），这一时态使得人们无从谈及缓慢的、长远的规划。等待事情水到渠成（reifen）已经不再可能。透明化的时态不是将来时，它受制于此时（Präsens）和此地（Präsenz）。

在透明化的制约下，反对意见或不寻常的想法根本不会被说出。人们畏手畏脚，几乎什么都不敢做。对透明度的要求会生成一种强烈的顺应时势主义强迫症（Konformismuszwang）。就像不间断的视频监控一样，它会给人带来一种被监视的感觉，并且从而形成它的全景效应（panoptischer Effekt）。最终，交流变得千篇一律，人们重复的东西如出一辙："不间断的媒体监视导致我们（政治家们）不能再自由地谈论有挑衅性的或者不受欢迎的话题和观点，即使是跟熟悉的人也不行。因为你不得不随时防备，有人会把讨论的内容转交给媒体。"[13]

作家迪克·冯·盖伦（Dirk von Gehlen）通过众筹募集来的资金出版他的集资图书项目"新版本可用"（Eine neue Version ist verfügbar）。他提议将写作本身透明化。但是一种完全透明的写作会是什么样的写作？对于彼得·汉德克（Peter Handke）来说，写作是一次孤独的探险，它进入未知和无人涉足的领域。在这一点上，写作与真正意义上的行动或者思考一致。海德格尔（Heidegger）也是思考着进入了前人没有涉足的领域。每一次当他敢于迈出思想上的一大步，或者进入未知的时候，爱神扇动的翅膀都会触动他。[14]
将写作本身透明化的要求无异于在要求消灭写作。写
作是一种排他的行为（exklusiv），而集体的、透明化
的写作只能是堆叠。它无力生成卓尔不群的、独一无
二的内容。透明的写作只能像做加法一样，将信息集
合在一起。数字媒体的运行模式恰恰就是加法。这样
的一种透明化的要求远远超出了信息参与和信息自由
的范畴。它在宣告着一种范式的转换。它是规范性的，
因为它对是什么和必须是什么提出了要求，它定义了
新的存在。

　　在一次采访中，米歇尔·布托尔[1]谈到了一种精神
危机。他认为，这种精神危机也表现为文学的危机：
"我们不仅生活在经济危机之中，我们也在经历一场
文学危机。欧洲文学正在受到威胁。我们现在在欧洲
所经历的就是一场精神危机。"[15]当被问及他是如何

1　米歇尔·布托尔（Michel Butor），生于 1926 年，法国新小说派一位重
　　要作家和理论家。

意识到这场精神危机的到来时，布托尔回答道："10 年或者 20 年以来，文学界几乎无事发生。出版物的数量如涨潮般增加，但是在精神层面上却保持停滞的状态。究其原因，是一种交流的危机。新的交流方式令人赞叹，但它们同时也制造了巨大的噪音。"精神的媒介是寂静（Stille）。显然数字交流打破了这种寂静。生产交际噪音的加法并不是精神的运作模式。

聪明的汉斯

20世纪初，德国的一匹马曾经享誉世界。据说它会算算术，人们都叫它"聪明的汉斯"。如果给它简单的数学题目，它会通过点头或者用蹄子敲击的次数来做出正确的回答。比如，如果问它："3加5等于几？"它就会敲8次马蹄。为了搞清楚这个奇迹般的事件，人们甚至派出了一个科学家委员会，据说其中还有一位哲学家。委员会发现，这匹马实际上并不会算数。但是它能够看出人类面部表情和肢体语言中极其细微的变化。显然，它十分敏锐，并且注意到现场的观众在决定性的那一次敲击马蹄之前会不由自主地露出紧张的姿态。它以这种感受到的紧张作为停止敲蹄的提示，因此就总是能做出正确的回答。

在交流中，口头部分所占的比例很小。非口头的表达形式，例如手势、面部表情，或者肢体语言构成了人际间的交流，并且赋予其以触感（Taktiltät）。这里所说的触感不是指身体上的接触，而是指人类感知的多维度和多层次，其中不仅仅包括视觉，还包括其他的感官。数字媒体剥夺了这种触感的和身体感知的交流。

由于数字交流的高效和便利，我们越来越多地避免与真实的人直接接触，甚至避免与一切真实的东西接触。数字媒体让真实的对方逐渐消失于无形。它将真实的面对面看作阻碍。如此一来，数字交流就变得越来越多地脱离肉体，脱离面容。数字媒体对雅克·拉康（Jacques Lacan）的关于真实界、想象界和象征界的三界论强加以彻底的改造。它把真实界清除，把想象界绝对化。智能手机是一面电子镜子，展现了镜像阶段[1]的后婴儿时期新版本。它打开了一个自恋空间，一个想象的领域，我把自己包裹在其中。通过智能手机讲话的不是他者（Andere）。

　　智能手机是一种采用输入—输出模式工作的电子设备，缺乏复杂性，并且消除了所有形式的消极性（Negativität）。人们因此而懈怠了以复杂的方式思考的能力。它扭曲了以时间上的广度和远见为基础的行为模式，因为它所促进的恰是短暂和浅陋，并且会隐没事物中长久和缓慢的部分。铺天盖地的点赞创造了一个积极的空间。由于其消极性，他者侵入的经验会打断想象中的自我镜像。而数字媒体中所固有的积极

1　镜像理论是拉康提出的。该理论中将一切混淆了现实与想象的情景意识称为镜像体验。"镜像阶段"指，6—18 个月大的孩子在镜子前面，刚开始会把镜中的孩子指认为另外一个孩子，这时孩子还无法辨识自己的镜像。后来，随着长大，孩子认出了自己镜中的形象："那就是我！"这一刻，孩子心中充满了狂喜。在拉康看来，镜前的孩子在此过程中，包含了双重的错误识别：当他把自己镜中像指认为另一个孩子的时候，是将"自我"指认成"他人"；而当将镜中像认作自己时，他又将光影的幻象当成了真实——混淆了真实与虚构，并由此对自己的镜像开始了终生的迷恋。引自百度百科。

性则会降低这种经验的可能性。它让原来的事情（das Gleiche）继续。智能手机，以及所有数字媒体都削弱了我们处理消极性的能力。

和现在相比，我们以前会更倾向于以面容或者目光来感知我们的交流对象，例如一幅画。我们把它感知为凝视着我的事物，坚持着原创性、自主性或者自己的生活的事物，与我相对抗、相制衡的事物。显然，以前的对象更具消极性，与今天相比，表现出更多的对抗性（Gegen）。今天这个有面容的对象——这个看着我、关注我、朝我迎面而来的对象，渐渐地消失不见了。如萨特（Sartre）所说，以前有更多的目光，通过这些目光他者宣布自己的到来。萨特所说的目光不仅仅指人们的眼光，他更多地把世界本身体验为目光。作为目光存在的他者处处可见。事情本身就在注视着我们："毫无疑问，目光最常见的展现方式是定格在我身上的那两只眼睛。但是，它也间或存在于树枝的沙沙作响、脚步声之后的宁静、一间半敞窗户的小店，其后是窗帘的随风轻摆。"[16]

　　数字交流是目光缺失的交流。在一篇为 Skype 十周年而作的杂文中，作者写道："视频电话创造了在场的幻象，并且无疑使情侣之间的空间分离变得比较容易承受。但是一直存在的距离却总是能感受得到的——也许一个小小的偏差让这种感受最为明显。因为，在 Skype 通话的过程中，通话者是不能彼此对视的。当你对着屏幕中的脸，看着对方的眼睛，对方会认为，你在稍稍向下看，因为摄像头安装在电脑的上边缘。直接的四目相对是一种美好，它意味着你在看别人的同时也在被对方注视。这种美好现在让位于目光的不对称。感谢 Skype，我们可以陪在彼此的身边，24 小时不间断，但是我们的目光却始终与彼此擦肩而过。"[17]造成"不得不彼此目光相错"的原因不仅仅是摄像头的光学因素，更多地在于目光的普遍缺失，以及他者的缺席。数字媒体让我们越来越多地远离他者。

目光也是雅克·拉康的镜像理论中的一个核心范畴："在镜像中总是一定会展现出凝视的内容。"[18]目光就是镜像中那个凝视我、感动我、迷住我的他者。它是撕裂认知点（studium）的同质组织的那个刺点（punctum）[1]。作为他者的目光，它反对那双沉醉于镜像的眼睛。它刺穿那幅眼中美景，并且质疑我的自由。然而，感知的日益自恋倾向于让目光和他者都销声匿迹。

在触摸屏幕上的点击是一种会影响我们与他者关系的活动。它消除了那种将他者构建成他者的距离。因此，人们可以直接点击图片、触摸图片，因为图片

---

1 "刺点"（punctum）与"认知点"（studium）是罗兰·巴特在《明室》中所创的两个重要概念。简单而言，"刺点"强调的是一张照片中被人忽略、却能在一个主体上唤醒特殊的审美感知的元素；"认知点"指照片中提供基本的文化背景与知识，以便让人可以认出摄影图像中的内容的元素。引自《落差——经受摄影的考验》，于贝尔·达弥施著，董强译，广西师范大学出版社，2007年，第7页。

已经丧失了目光和面孔。通过划屏动作[1]我们就可以拥有他人。我们也可以敲击屏幕，让他人消失，好让我们自己的镜像显现出来。拉康会说：触屏是与作为屏幕（écran）的镜像有所不同的。后者将我与他者的目光屏蔽开来，但同时又让其渗透进来。我们可以把智能手机的触屏称作透明的屏幕。它没有目光。

透明的面容却并不存在。我们所向往的面容总是不透明的（opak）。不透明从词源意义上讲是"在阴影中"（beschattet）的意思。阴影的这种消极性对于向往来说是有建设性意义的。透明的屏幕让任何向往都无法渗入，而这向往永远是来自他人的。有阴影的地方恰恰也就是光存在的地方。阴影与光存在于同一个空间，这就是向往产生之地。透明的东西不会闪光。光产生于光中断的地方。没有中断、没有破碎的地方，也就没有爱欲，没有向往。均匀、平滑、透

1　原文为 *Pinzettengriff*，直译为"钳夹抓取"，即婴儿出生之初用拇指和食指指肚夹取物品的动作。

明的光不是向往的媒介。透明也就代表着向往的终结。

据说列奥纳多·达·芬奇（Leonardo da Vinci）曾经对一幅蒙面肖像做过评论："如果你热爱自由，就不要掀开我的面纱，因为我的面容就是爱的牢狱。"（Non iscoprire se liberta t'è cara ché 'l volto mio è carcere d'amore.）[19] 这句名言表达了对面容的一种特殊体验。在如今的脸书时代我们已经不可能再拥有这种体验。我们所展示的、为其谋求关注的脸（Face）并不是面容。脸不包含目光。展示的意图摧毁了建构目光的所有内向性和内敛。"实际上，他没有注视任何东西；他把他的爱和恐惧留了在心里：除了目光，别无他物。"[20] 被展示的脸并不是让我着迷、让我沉溺的有面容的交流对象。今天，自由的地狱已经取代了爱的牢狱。

遁入图片

如今，图像不仅仅是映像，它也是偶像。我们遁入图像，以便让自己变得更好、更美、更鲜活。显然，我们用以推动进化的不仅仅是技术，还有图像。有没有可能，进化根本就是建立在一种图像化（幻觉）的基础之上的？有没有可能，想象对于进化来说是有益？数字媒体成全了一种符号的逆转（ikonische Umkehrung），它让图像看起来比差强人意的实现显得更加生动、更加漂亮、更加美好："看着咖啡店里的顾客，人们自然而然地会想：'看看这些人，死气沉沉的；在当下这个时代，照片比人更生动。'我们所生活的这个世界的一个特点也许就在于这种逆转，已经普及化了的想象成了我们生活的榜样。拿美国为例，在那里一切都化身为图像：一切都是图像，被生产和被消费的只有图像。"[21]

图片所展现的是被优化处理之后的现实映像，它们正在毁灭图像最原始的符号价值。它们被现实所俘虏。因此，今天我们虽然面对着图片的狂潮，或者说恰恰是因为我们正面对着图片的狂潮，所以我们都成了图符的破坏者，成了打破旧习的人（ikonoklastisch）。可以被消费的图像破坏了其本身所特有的语义和诗意。图像已经超越了对现实的单纯反映。通过可消费化处理，图像被驯化。图像的驯化让图像的疯狂消失不见。它们因此而失去了它们的真实性。

所谓的"巴黎综合征"（Paris-Syndrom）是指大多出现在日本游客身上的一种急性心理障碍。患者会出现幻觉、感知失实、人格认同障碍和恐惧情绪，并且表现出例如头晕、出汗或者心跳加速等身心症状。

触发该病的原因是日本人在旅行前对巴黎的理想化想象与巴黎的真实面貌之间存在着巨大的差距。我们可以认为，日本游客那种强迫性的、近乎歇斯底里的拍照热情是一种下意识的防御机制，其目的在于通过拍摄图像来驱赶可憎的现实。作为理想化图像的美好照片会将他们屏蔽在肮脏的现实之外。

希区柯克的电影《后窗》（*Rear Window*）形象地展现了现实带来的冲击体验和作为屏蔽物的图像之间的关系。英文单词 rear（后面的）和 real（现实的）之间的谐音就是这一深意进一步的佐证。朝向庭院的窗子里是悦目的景色（Augenweide）。被束缚在轮椅上的摄影师杰夫（詹姆斯·斯图尔特饰）坐在窗边以欣赏邻居们滑稽戏般的生活为乐。一天，他认为自己目睹了一桩谋杀案。而嫌疑人也意识到，住在对面的杰夫正在暗中观察他。在这一刻，他盯着杰夫。这种可怖的他者的目光，也就是来自现实的目光，摧毁了作为眼中美景的后窗。最后，那位嫌疑人，即可怕的现实，闯进了他家。摄影师杰夫试图用照相机的闪光灯晃他的眼睛，这也就意味着将他重新吸引回，甚至强拉回图片，但是这招并没有奏效。嫌疑人现在露出了凶手的真面目，并将杰夫扔出了窗外。在这一刻，后窗变成了一扇真正的窗。电影的结尾，真正的窗又重新变回了后窗，变回了眼中的那番美景。

与后窗相反，在数字窗 Windows 中，现实闯入，即他者闯入的可能并不存在。数字窗追随着普遍化的想象，比后窗更有效地把我们屏蔽在现实之外。与模拟媒体相比，数字媒体让我们更加远离现实。也就是说，数字和现实之间的相似性更加小。

如今，我们借助数字媒体生产大量的图片。这种大规模的图片生产也可以被阐释为一种保护性和逃避性的反应。现今的图片生产还表现出一种美图的狂热。由于对现实的感知并不能让人满意，因此我们逃遁到图片之中。美图技术取代了宗教，成了我们赖以面对身体、时间、死亡这些真实生活元素的工具。所以说，数字媒体具有去真实性。

　　数字媒体无关年龄、命运和死亡。在其中，就连时间也是凝滞的。这是一种无时间的媒体。与之相反，模拟媒体却受到时间的牵制。它的表达方式是激情："照片的命运和（易逝的）纸张一样，就算它被印刷在较为坚硬的材料上，它死亡的必然性也不会减少半点：和有生命的机体一样，它的出生是萌芽于作为印刷材料的银颗粒，它的生命只能绽放片刻，便会随之衰老。它会受到光和潮湿的侵袭，并因而变得斑驳，直至生命耗尽，最后消失……"[22]罗兰·巴特把模拟摄影比喻成一种生命形式，时间的消极性对其起着有益的作用。与之完全不同的是，数字图片和数字媒体展现出另外一种生命形式。在这种生命中，变化和老去、出生与死亡都已经消融。这种生命的特点是永恒的存在和永恒的当下。数字图片不会绽放也不会闪耀，因为绽放归结于枯萎的负面性，而闪耀则是源于阴影的负面性。

从经手到动指

历史的动词就是动手（处理）[1]。汉娜·阿伦特将其理解为"开始"（initium）的能力，也就是说让新的、完全不同的事物开始。在这里，她将"出生"提升为动手（处理）的本体论条件。每一个新生都代表着新的开始。动手就意味着起始，意味着让一个新的世界开始运转。[23] 鉴于这个世界是屈从于种种自动化过程的，因此动手也就等同于一个"奇迹"。[24] 它的"神奇效能"成就了"信任"和"希望"。动手的这

1　本章中"动手"一词来自德语原文 handeln，其词根为 Hand，即"手"。但 handeln 一词也有"对待""处理""行动"等意思。因此本章中的上述表述都有"与手相关"的含义。

种犹如耶稣救世般的维度"绝不比圣诞音乐剧中'欢乐福音'宣布'我们的孩子诞生了'时所表达的要少，或者逊色半点"[25]。

如今，上述这种纯粹意义上的动手是否还有存在的可能？即使突如其来的新生带来了奇迹，难道就能打断那些主宰我们行为，使我们不再是自己决策主体的自动化流程？数字机器和资本机器难道不是结成了一个庞大的联盟，联手把动手的自由消灭干净？今天的我们难道不是生活在一个出生和死亡都变得不可能的不死的时代里？出生是政治思维的基础，而死亡则是点亮形而上思想的事实。这样看来，不死的数字时代既非政治的又非形而上的。它更多地是后政治的和后形而上的。人们不惜任何代价去延长的，这种赤裸的生活既无生也无死。数字的时代是后出生（postnatal）和后死亡（postmortal）的时代。

　　维兰·傅拉瑟[1] 预测说：使用数字设备的人们在当下过着未来的"非物质生活"。这种新生活的一个特点就是"手的萎缩"。数字设备让人们的双手弯曲变形，但同时这又意味着摆脱物的重负。未来的人类将不再需要手。不再有任何事需要他们动手和加工，因为他们所处理的不是物质的东西，而只剩非物质的信息。取代手的是手指。新的人类将动指而不动手。他将只想游戏和享受。他们生命的特点将不再是劳动而是闲适。非物质未来的人们不是劳动人（Homo faber），而是游戏人（Homo ludens）。[26]

　　未来的"无手而动指的人"，也就是数码人（Homo digitalis），是不会动手（行动）的。"手的萎缩"使他失去了行动能力。无论是处理还是加工，都是以阻力为前提的。行动也是必须克服阻力的。行动

1　维兰·傅拉瑟（Vilém Flusser），传播学与媒体哲学家，致力研究书写文化的衰亡与技术图像文化的兴起，以及这一嬗变中世界、人和社会的关系的发展。

用不一样的、新的事物去抗拒已经存在的事物，它有一种内在的否定性。它的赞同同时也是反对。但是如今的正面社会却避免了所有形式的反抗，也就从而消灭了行动。在这个社会中只有相同事物的不同状态。

从数码中不会产生人们可以通过劳动来克服的物质反抗。这样一来，劳动事实上就类似于游戏。但是与傅拉瑟的愿景不同，非物质的、数码的生活并不能将我们引领进闲适的时代。傅拉瑟忽视了绩效的原则，在这一原则之下，工作与游戏的趋同将全部落空。它会剥夺游戏的一切游戏属性，并且将其重新归为工作。游戏者如服用兴奋剂一般沉迷，自我剥削，直至因此而倒下。数码的时代并不是闲适的时代，而是绩效的时代。与傅拉瑟的预测相悖，"无手而动指的人"不会是游戏人。游戏本身也会屈从于绩效的胁迫。紧随手部萎缩之后的将是数码指关节病变。傅拉瑟的闲适的游戏乌托邦实际上是绩效和剥削的反假想国（Dystopie）。

闲适开始于工作完全停止的时候。闲适的时间是另外一段时间。新自由主义的绩效强制将时间变为工作时间。它将工作时间绝对化。休息只是工作时间的一个阶段。现在的我们，除了工作时间没有另外一段时间（keine andere Zeit）。因此，我们把工作带着度假，带进睡眠。因此，今天的我们睡不安稳。作为筋疲力尽的业绩主体，我们的入睡就如同双腿麻木之后的失去知觉。从这个角度来讲，我们的放松也只不过是工作的一种模式，其目的不过是劳动力的再生。休息并不是脱离工作的另外一件事，而是工作的产品。就连所谓的慢速生活（工作）也不能生成另外一段时间。它也只是一个结果，一种对加速工作时间的反射。它只是放缓了工作时间，而并没有把工作时间转变为另外一段时间。

现在，虽然我们摆脱了工业时代奴役我们、剥削我们的机器，但是数码设备带来了一种新的强制，一种新的奴隶制。基于可移动性，它把每一个地点都变成一个工位，把每一段时间都变成工作时间；从这个意义上来讲，它的剥削甚至更为高效。可移动性的自由变成了一种可怕的强制，我们不得不时刻工作。在机械的时代，仅仅因为机器的不可移动性，工作和非工作就被明确地区分开来。工位与非工作空间有明显的界限，人们必须自行前往。如今，在很多职业中，这些界限和区分都已经完全消失。数码设备让工作本身变得可移动。每个人都如同一座劳改所，随时随地把工位带在身上。因此，我们也就无法再从工作中逃脱。

智能手机给了我们更多的自由，但是从中也产生了一种灾难性的强迫，即交流的强迫（Zwang der Kommunikation）。如今人们与数码设备之间有一种近乎迷恋的、强制性的关系。在这里，自由也化身为强迫。社交媒体大大强化了这种强迫。归根结底，它源于资本的逻辑。更多的交流也就意味着更多的资本。加速交流和信息的循环也就是加速资本的循环。

　　"数码"（digital）这个词让人想起手指（digitus）。手指是用来数数的（zählen），数码文化基于数数的手指。然而历史是叙述的（erzählen），它不会数数。数数是一个后历史范畴。不管是推文（Tweets）还是短信（Informationen）都不能拼合成一篇叙事；就算是时间轴（Timeline）也不能讲述一个生命故事，或是一部传记——它们是加法式的，不是叙述式的。数码人动指是通过他不断地数数和计算。数码世界将数字和数数绝对化。在脸书上，好友也主要是数出来的。然而友谊却是一种叙事。数码的时代将加法、数数和可以数的内容合计起来。就连好感也要靠数有多少个"赞"来衡量。叙述在极大程度上丧失了其意义。如今，人们把一切都变得可数，以便将其转换为业绩和效率的语言。因此，一切不可数的，如今都已经不再存在。

从农夫到猎人

　　"手会行动"——海德格尔（Heidegger）这样描述手的实质。[27] 但是他对行动的理解却并不是从"积极生活"（vita activa）[1] 的角度出发的。对他来说，"实际上在行动的手"更多的是"书写的手"。[28] 因此它的实质并不表现为行动，而是表现为笔迹。海德格尔认为，手是"存在"的媒介，而存在是意义和真实的源泉。书写的手会与"存在"交流。而只用到指尖的打字机则会使我们远离存在："打字机掩盖了书写和

1　指《人的境况》（*The Human Condition*）一书，1958 年出版，德文版名为《积极生活》（*Vita Activa*），在此书中汉娜·阿伦特建立了著名的"行动理论"。

文字的实质，它让人们放弃了手的核心区域，但人们对这层关系却并没有足够的了解和认识，即他们忽视了存在与人的本质之间的关系已经发生了变化。"[29] 打字机导致了手的萎缩、书写的手的衰退同时也导致了存在的被遗忘（Seinvergessenheit）。毫无疑问，如果当时有电子设备，海德格尔会说，电子设备进一步加剧了手的萎缩。

海德格尔的手用思想取代行动："手在其作品中的每一个动作都承载着并表现为思想的因素。手的所有作品都基于思想。"[30] 思想是手的杰作，数字媒体造成了手的萎缩，也就会因此让思想本身畸形。非常有意思的是，我们看到海德格尔如此坚定地将手抽离行动的范畴，进而将其纳入思维的范畴。手的本质不是 Ethos（伦常），而是 Logos（逻各斯）。在这里，海德格尔的逻各斯想法源自农民采集（lesen）[1]的手：

---

1 在德语中，"采集"和"阅读"是同一个词，即 lesen。

"如果没有这种采集，也就是在拾麦穗和摘葡萄意义上的采集，我们永远也不会有阅读……任何一个字的能力。"[31]海德格尔以此让逻各斯表现为农民的习惯，这种习惯对待语言的方式就如同它对待耕地一样——照料、开犁和耕种；农民在这个过程中要与隐匿且封闭的土地交流，并且必须面对土地的不可捉摸和深不可测。农民必须恭顺服从、听土地的话："如果从听命和顺从的意义上来说，（人们）并不是直接用耳朵去听，那么它和听、和耳朵之间就会表现出一种独特的关系。……我们有耳朵，因为我们可以仔细聆听，可以认真倾听大地之歌，倾听它的战栗和震颤。虽然人类有时在被他们滥用的土地表面制造出巨大的噪音，但是来自土地的声音却是他们所不能触及的。"[32]

由"大地与天空，凡人与诸神"构成的海德格尔的世界也是一个农民的世界。在这里，人作为终有一死的"凡俗之人"（Sterblicher）并不是行动者，因为在他们的身上没有体现出初始的新生。这里的神也是那些倾听的、顺从的农民们的神。神的位置处于被归于"田园生活"的"黑森林小木屋"里的"神明角落"里。[33] 在《艺术作品的本源》（*Der Ursprung des Kunstwerks*）中，海德格尔把梵高的鞋描述为农民的鞋，并且从而使农民的世界有了诗意的表达："在鞋具内里翻出的黑暗破洞中，凝结着劳动步骤的艰辛。在鞋具结实耐用的厚重中，累积了长途跋涉的韧性，那是在刺骨的冷风中，穿越田地里绵延的、一成不变的犁沟的跋涉。……在鞋具中飘荡着大地无声的呼唤、成熟谷粒的悄然赠予，以及冬季农田里荒凉的休耕地那不言而喻的不顺从。"[34]

就像农田里刺骨的冷风一样，在我们如今的时代里，数字的飓风肆虐网络的世界。数字的飓风让我们无法像海德格尔那样"隐居"。海德格尔的农民所面对的"大地"与数码科技是直接对立的。"大地"代表的是"大体不可推测"和"大体封闭"。[35] 但与此相对，数码代表的却是一种对透明度的强迫。"大地"排除了任何透明性，它的闭锁对于信息社会来说基本是陌生的。信息的本质就决定了它是公开呈现或者必须被公开呈现的。透明社会的强制性也就意味着：所有的一切都必须作为信息公开呈现，必须供所有人获取。透明性是信息的本质，它就是数字媒体的基本步调。

海德格尔的"真相"（Wahrheit）经常被隐藏（sich verbergen），它不会贸然呈现，它必须从"隐匿"（Verborgenheit）中"攫取"（entrissen）而出。"隐藏"的负面性是真相的内在"核心"。[36] 它本质上属于真相的一部分。真相作为"不隐藏"（Unverborgenheit）被包围在隐藏之中，就好像在黑暗森林里的一道光。

与之不同的是，信息没有可供其规避、供其隐藏的内在空间，即内向性（Innerlichkeit）。海德格尔会说，它没有跳动的心脏。信息的特点是纯粹的正向性和纯粹的外在。

信息是积累的、叠加的，而真相则是排他的、有选择性的。与信息不同，真相不会堆积。也就是说，人们并不会经常遇到真相。大量的真相是不存在的，但信息群却是存在的。失去了负面性，就会造成正面性的粗劣聚积。基于其正面性，信息也和知识区分开来。知识并不是显而易见的，人们不能像发现信息一样去发现知识。获取知识经常要以长期的经验为前提。因此，其时态与信息完全不同，后者是短暂的、临时的。信息的表现形式是明确的，而知识的表现则是含蓄的。

土地、神和真相属于农民的世界。如今，我们不再是农民，而是猎人。就如同猎人寻找猎物一样，信息的猎人也在作为数字狩猎场的网络中游荡。与农民不同，猎人们是移动的。没有强迫他们安家的农田，他们不会定居。从这个意义上来说，机械时代的人们还没有完全摆脱农民的习惯，因为那时的人还被机器束缚。机器就是他们的新主人，强迫他们被动地运转。工人回到机器那里，就好像农奴回到地主的身边。机器就是世界的中心。数字媒体带来了一种新的劳动拓扑学。数字的劳动者占据了世界的中心。更确切地说，在这里已经没有中心可谈。用户和他的数字设备更像是构成了一个整体。新的猎人不再作为机器的一个部分被动地运转，而是和他的数字移动设备一起主动地操作。在旧石器时代，这些设备就是猎人手中的矛、弓和箭。但新的猎人不会陷入危险，因为他们用的是鼠标，他们猎取的是信息。这也正是他们和旧石器时代猎人之间的区别。

权力和信息不能很好地互相兼容。权力喜欢隐身于秘密之中。它会编造事实，以便完成自己的登基或就职。权力和秘密都有内向性的特点。而数字媒体却恰恰是去内向性（entinnerlichend）的。在信息猎人看来，层层权力等级就是他们获取信息的障碍。因此，要求透明度也就是他们的策略。

如广播一类的大众媒体建立了一种新的权力关系。收听者被施加了一种声音，交流是单方面完成的。

这种不对称的交流并不是真正意义上的交流。它类似于一种公告。因此，这样的大众媒体和权力以及统治之间有着姻亲关系。权力强制推行这种不对称的交流。不对称的等级越高，权力也就越大。与之不同的是，数字媒体生成了一种天然的交流关系，即对称的交流。信息的接收者同时也是发送者。在这种对称的交流空间中是很难植入某种权力关系的。

傅拉瑟认为，媒体的飓风迫使我们重新回到游牧生活。但是游牧民族以饲养牲畜为生，他们不具备猎人的心态。过去和现在之间的分界线划分的并不是定居者和游牧民族，而是农民和猎人。今天，就连农民也表现得如同猎人一般。"耐心""舍弃""沉着""胆怯"或者"温和"，这些海德格尔眼中的农民的特点都不属于猎人的习性。信息猎手毫无耐心，无所畏惧。他们不会"等待"，只会潜伏；他们不会等到瓜熟蒂落，而只懂得手疾眼快。对于他们来说，重要的是每一次点击都有猎物入囊。他们的时态是绝对的当下。

一切阻碍他们视线的东西都会很快被清除。数字狩猎场上的这种绝对的视线就叫作透明性。猎人和信息的采集者就是透明社会的居民。

未来，数字社会中的信息猎人们将带着谷歌眼镜（Google Glass）上路。这种数据处理眼镜代替了旧石器时代猎人们的矛、弓和箭。它将人眼直接与互联网联通。佩戴者仿佛能洞穿一切。它将引领全信息时代的到来。谷歌眼镜不是工具，不是海德格尔所说的"用具"或者"手边之物"，因为人们不会将它拿在手里。手机却还是一种工具。但谷歌眼镜如此贴近我们的肉体，以至于被感知为身体的一部分。它让信息社会更加圆满，因为它让存在与信息完全同步。

信息以外的东西是不存在的。托数据眼镜的福，人类的感知实现了彻底的高效率。现在，人们不仅仅是每点击一下都有猎物入囊，而且是每看一眼都会有所收获。看世界和理解世界同步完成。谷歌眼镜使猎人的视觉绝对化：不是猎物的东西，即不在信息范畴内的事物全都被隐没（ausblenden）。然而，感知的深层快乐却在于这些行为的无效率之中。它源自徜徉于事物却不对其加以利用和榨取的长久的目光。

从主体到项目

海德格尔的农民是一个主体（Subjekt），主体的原始意思就是隶属和服从（源自动词 subject to，sujét à）。农民屈从于大地的法则（Nomos）。土地（terran）的秩序创造了这个主体。在海德格尔那里，"被抛状态"（Geworfenheit）是人类生存的基本法则。今天，人们必须重写海德格尔的存在本体论，因为人们现在的观念认为自己并不是处于从属关系的主体，而是自我筹划（entwerfen），自我优化的项目（Projekt）。这一主体发展为项目的进程肯定在数字媒体出现之前就已经开始了。但是，下面这一表述仍普遍适用：在关键阶段，相应的存在形式或者生命形式会催生只有在新媒体中才能充分实现的表达方式。生命形式有其媒体依赖性。这也就是说，数字媒体成就了主体向项目转化的过程。数字媒体是一种项目媒体（Projektmedium）。

鉴于"数字转向"（Digital Turn），傅拉瑟呼吁建立一门新的人类学，一门数字人类学："我们不再是一个既定的客观世界中的主体，而是多个可选世界（alternative Welten）中的项目。我们已经从卑躬屈膝的主观态度中站起身来，转而力求投射和施加影响（Projizieren）。我们已经长大。我们知道，我们会做梦。"[37] 据傅拉瑟所说，人类就是设计可选世界的"艺术家"。艺术和科学的差异随之消失，两者都是项目。傅拉瑟认为，科学家就是"未定型的电脑艺术家"（Computerkünstler avant la lettre）。[38]

傅拉瑟以另类的方式将"新的人类学"建立在"将人类仅视作尘埃"的"犹太基督教"的基础之上。[39] 在数字的点式宇宙（Punktuniversum）中，所有固定的尺寸都已经瓦解。既没有主体也没有客体："我们无法再成为主体，因为已经没有了可以让我们成为其主体的客体，也没有了可以成为某一客体的主体的硬核（harter Kern）。"[40] 傅拉瑟认为，今天的本我（das Selbst）"只不过是彼此交叉的虚拟世界的一个交汇点"。"我们"（das Wir）也是"各种可能性的一个交汇点"："我们要把自己理解为人际关系场中彼此交汇的曲线或是弧线。我们也是飞驰而过的可能性节点上的'数字计算结果'（digitale Komputation）。"[41] 傅拉瑟的数字弥赛亚主义并不符合如今数字网络的拓扑学。数字网络并不是由没有本我的节点和交汇组成的，而是一个由自我（Ego）构成的自恋的岛。

数字交流的开始总体来说饱含乌托邦主义的意味。因此，傅拉瑟才会捕捉到灵感，提出了描述有创造力群体的理想人类学："信息技术人的出现意味着一种人类学的开端，它认为，人的存在同时也是与他人相连接的信息技术节点的存在。这是否也代表了一种以创造力的冒险为目的的彼此认可？"[42] 傅拉瑟一再把网络交流拔高到宗教的地位。这种网络的信息技术伦理与"犹太基督教所要求的博爱"相符。傅拉瑟在数字交流中看到了一种救世主式的弥赛亚潜力,它服务于"人类的深层次的、关乎存亡的需求,即需要他人的认可以及在他人身上的自我发现,简而言之就是犹太基督教意义上的爱"[43]。因此,数字交流促成了一种类似五旬节运动(Pfingstgemeinschaft)的共同体。它把人从封闭的本我中解放出来,成就了一种精神、一种共振空间:"网络会震荡,它是一种激情,是一种共鸣。这种意气相投和对亲近的反感就是信息技术的基础。我认为,信息技术是博爱的技术,是实现犹太基督教的技术。信息技术以移情为基础。它消灭了人本主义,成就了利他主义。单单让这种可能性存在就是一大创举。"[44] 在傅拉瑟的理念中,信息社会就是一种"策略",它"破除了本我的意识形态,并且有利于人们意识到,我们处于一个人人为我、我为人人的社会中,没有人是为其自己独立

存在的"。它"自动地"完成了"为了实现互动的
主体（intersubjektive Verwirklichung）而肃清本我的过
程"[45]。

在傅拉瑟看来，数字网络不是求新的强迫查找的
媒体，而是"忠诚"（Treue）的媒体，它赋予世界以
"一种芬芳"和"一种特殊的香气"。数字交流如同
施魔法一般，让所有的时间和空间距离消失不见，从
而制造了一种令人愉悦的亲近体验，使得令人愉悦的
时刻（即 kairos，契机）成为可能："这是我所看到的
图景：当我利用信息技术和身处巴西圣保罗的朋友交
流的时候，不仅仅空间弯曲了，他来到了我身边，我
去到了他身旁；而且时间也弯曲了，过去成了未来，
未来成了过去，而两者都成了现在。这就是我所体验
的互动主体性（Intersubjektivität）。"[46] 这种网络弥赛
亚主义（Messianismus der Vernetzung）[1] 并没有得到证

1　即造神主义。

实。数字交流更多是极大地腐蚀了"我们"这一团体。它摧毁了公共空间，加剧了人类的个体化。支配数字交流的并不是"博爱"，而是自恋。数字技术不是"博爱的技术"，它更多表现为一种自恋的自我机器。数字媒体不是对话型的媒体。贯穿傅拉瑟思想始终的对话性过多地支配了他关于网络的思想。

如今，主体解放了自我之后转变而成的项目被证明是一个强制性的形象。它将强制展开呈现，使其表现为业绩、自我优化和自我剥削。今天的我们生活在一个特殊的历史阶段，此时的自由本身就会催生强迫。自由原本是强迫的完全对立概念。现在，这个对立概念本身就会生成强迫。因此，更多的自由也就代表着更多的强迫。这就是自由的终结。所以今天的我们走进了一个死胡同。我们既无法前进，也不能后退。傅拉瑟完全忽视了会让自由变身为其自身对立面的这一灾难性的辩证法。他的弥赛亚主义要对此负责。今天的社会不是能让我们彼此成就的"博爱"的社会；

它更多地是一个以业绩来衡量一切的社会，在这个社会里，我们彼此孤立。业绩的主体剥削自己，直至崩溃，并且还会发展出一种常常以自杀为结局的自我攻击性。美好的项目的本我是一个投射体，现在它把准星对准了自己。

大地的诺莫斯

在数字转向的进程中，我们最终离开了土地，离开了土地的秩序。这样，我们是否就摆脱了大地的沉重和它的变幻莫测？数字的失重感和流动性难道就不会把我们抛入无以立足的深渊？海德格尔是最后一位保护土地秩序的伟大卫士。他的"大地"让"每一种通过计算得出的侵扰都化身为毁灭"，而数字秩序恰恰绝对化了算法和加法。土地的秩序植根于坚实的基础。它的法则被称为诺莫斯（Nomos）："我呼唤凡人和诸神的神圣统治者，／天神的诺莫斯、星辰的号令者；／统领弥漫着涛声和盐味的海洋的，／大地的神圣封印，／那不变的、安稳的可靠性。"[47] 数字的规则永远告别了大地的诺莫斯。卡尔·施米特颂扬大地，主要是因为其坚不可摧的特性，这种稳定性成就了明确的界定和区分。土地的法则由城墙、边界和堡垒组成。在灵活变通的数码人（Homo digitalis）身上已经完全消失了的坚定的"性格"（Charakter）也属于土地法则的范畴。而数字媒体与此恰恰相反，它就如同一片"海"，在其中我们"无法画下任何一条固定不动的线"。在数字媒体中，"性格无法以 Charakter 这个词的原始意思出现"，因为作为其词源的希腊语单词 *diarassein* 代表着磨蚀、刻铸和铭刻。[48]

精神、行动（Handeln）、思想或者真相，诸如此类的概念均归属于土地的秩序。它们将会被数码秩序的范畴取代。取代行动的就是操作/计算（Operation）。后者不以任何真正意义上的决定为前提。而原本有益于行动的犹豫和踌躇将被认为是对操作的干扰，因为它有损于效率。操作是雾化的，也就是说，它是一个在极大程度上自动化的进程中被孤立开来的行动，这些行动不具备时间上和存在意义上的宽度。

同样，真正意义上的思想也不是数字秩序的范畴，它与计算背道而驰。计算的过程与思想表现出完全不同的步调。计算的步骤受到保护，不会被意外、巨变和突发事件干扰。由于透明性的作用，今天的真相也透露出时空错乱的意味。真相依存于排外主义的负面性。在真相出现的过程中，谬误也就被设定好了。这种区分同时生成了真实与虚假。同样，善与恶的二分法也是以叙事的结构为前提的，它是一种讲述。但是与真相不同，透明性并不是叙事的。它虽然让事情显而易见，但是却不能醍醐灌顶。相反，光是一种叙述性的媒体，它是被定向的，也是可以定向的；因此它能指明道路。而透明的媒体却是无光的辐射。

同样，爱也是存在于恨的负面对立之中的。因此爱与恨之间的秩序就如同真与假、善与恶一样。正是负面性把它们和点赞区分开来，点赞是正面的，因此是可以累积的，是加法性质的。无论是你的脸书好友还是网络竞争者都缺乏在卡尔·施米特看来能够区分"朋友"与"敌人"的负面性。近与远也属于大地的秩序。数字媒体为了实现零距离而消灭了这两个概念。零距离也就意味着以简单的方式消除距离，它是一个正面性的量。它缺乏可以凸显亲近的负面性，它是遥远的属性。因此，对于数字交流来说，"遥远的亲近之痛"[49]是陌生的。

精神的觉醒要归因于他者。他者的负面性让精神得以存活。只着眼于自己、固守自己的人是没有精神的。成就精神的是一种能够"接受个人本身的负面性，承受永无止境的痛苦"的能力。[50]抹杀他者的所有负面性的正面性会渐渐枯萎，成为"死的存在"。[51]只有突破了"与自我的单纯关系"[52]的精神才能创造经验。没有痛苦，没有他者的负面性，沉溺于过度的正面性之中是没有经验可言的。这就好像，人们经过了千山万水，却无法形成任何经验。人们没完没了地数数，却不能完成任何叙述。人们感知所有的事物，却不能形成任何认识。痛苦，即因为他者而存在的阈值感（Schwellengefühl），是精神的媒介。精神即痛苦。黑格尔的《精神现象学》描述了一条苦伤道（via dolorosa，受苦难的道路）。与此相反，数字现象学中是不存在精神的辩证痛苦的，它是一种"点赞现象学"（Phänomenologie des Gefällt-mir）。

数字幽灵

卡夫卡（Kafka）早就把书信看作一种反人性的交流媒体。他认为，书信带来了一种可怕的灵魂错乱。在给米莱娜（Milena）的一封信中，他写道："怎么会有人认为，人们可以通过书信彼此交流！人们可以思念一个远方的人，可以触碰一个近处的人，除此以外的一切都超出了人类的能力。"[53] 在卡夫卡看来，书信是与幽灵的交流。写在纸上的亲吻不会到达它的目的地，它会在半路上被幽灵捕获，被它们攫取。这种基于邮政的交流只不过是在为幽灵提供食物。因为有了这些丰富的食物，幽灵的数量增加到闻所未闻的水平。人类要与其抗争，因此发明了火车和汽车，以便

"尽可能地排除人与人之间的幽灵作祟",并且实现"自然的交流"和"灵魂的安宁"。但是无奈对手过于强大,它们在邮政之后又发明了电话和电报。最后,卡夫卡得出结论:"幽灵不会饿死,而我们将会被消灭。"[54]

现在,卡夫卡所说的幽灵又发明了互联网、智能手机、电子邮件、推特、脸书和谷歌眼镜。卡夫卡会说,新一代的幽灵,也就是数字化了的幽灵,变得更加贪婪、更加无耻、更加喧闹。数字媒体难道不是真正地"超出了人力的范围"么?难道它不会导致幽灵数量无法控制地迅速增长么?有了数字媒体之后,我们难道不是真的已经渐渐忘了,如何去思念一个远方的人,触碰一个近处的人么?

物联网(Internet der Dinge)的出现带来了新的幽灵。以往默默无语的物品现在开始讲话。不受任何人力干涉就能自动进行的物品之间的交流将为幽灵提供新的养分。这种交流如同受到了鬼怪的操纵,并且因此而让世界显得更加阴森恐怖。也许，总有一天数字幽灵会让世界上的一切都失控。E. M. 福斯特（E. M. Forster）的小说《机器停转》（*The Machine Stops*）正是预言了这种灾难——成群的幽灵毁灭世界。

交流的历史可以被描述为石头逐渐被照亮的历史。以光速发送信息的视觉媒体最后终结了交流的石器时代。就连硅（Silicium）这个字都让人想起拉丁语中代表"卵石"的 *silex* 一词。马丁·海德格尔的理论中常常会出现石头。海德格尔喜欢用它来代表"单纯之物"（bloße Ding），说它是去除了可视性的物。在其早期的一次讲座中，海德格尔指出："一个单纯之物，一块石头，是没有光的。"[55] 10 年之后，他又一次在一篇文章中写道："石头承载并表达它的重量。但是当这种重量转而施加在我们身上的时候，它拒绝屈从于任何一种渗入（Eindringen）。"[56] 作为物的石头是透明的对立面。它属于大地，属于土地的法则，并且代表着隐藏和封闭。如今，物正在越来越多地失去其意义。它委身于信息。但是信息却为幽灵提供了新的养分："经济、社会和政治的具体表达并不是物，而是信息。我们的环境显然变得更加不稳定，更加迷雾重重，更加鬼祟。"[57]

数字交流的方式不仅如幽灵般鬼祟，也如病毒般扩散。因为它直接在情感或者情绪层面上进行，因此是具有传染性的。这种传染就是一种后诠释学意义上的交流，它不用交流者去读或者去想任何内容。它不以仅能有限加速的阅读（Lektüre）为前提。一条信息，或者一个内容，即使它非常不重要，也能在网络中如同瘟疫或是流感一样迅速地大范围扩散。其中不承载任何意义之重。没有任何一种其他的媒体有这种病毒式传染的能力。在这个意义上，书写媒体太过惰怠。

与石头和城墙一样，秘密也属于土地的法则。它与信息的加速生产和扩散水火不容。它是交流的对立面。数字的拓扑学由平的、滑的、开放的空间组成。与此相反，秘密喜欢有缺口、地牢、暗室、沟槽和鼓胀的空间，并且用这些来阻滞信息的扩散。秘密偏爱静默。因此，秘密之事和鬼祟之事有所区别。与轰动性事件（Spektakel）一样，幽灵般的交流（das Spektrale）依赖于看和被看。因此幽灵是喧闹的。吹过我们房间的数字风也是如同幽灵一般的："不管怎样，风对于游牧民族来说就好比土地之于定居者。……其中……有些……鬼怪的意味。风是鬼祟的，不可捉摸的，它驱动着游牧民族前进，后者要听它的号令。风对我们来说是一种经验，它可以呈现为计算和运算。"[58] 高度的复杂性让数字的物变得鬼祟，变得无法控制。但复杂性不是秘密的特征。

透明社会有其背面和反面。从某种角度上讲，透明社会就是一种表面现象。在它的后面或者下面就是没有任何透明性的幽暗空间。例如暗池交易（Dark Pool）就是指金融产品的匿名交易。金融市场上的这种高速交易究其终极就是和幽灵的交易，或者说是幽灵之间的交易。彼此交流，彼此斗争的是算法和机器。如果卡夫卡还在，他会说，贸易和交流的这些幽灵般的形式已经"超出了人的能力范围"。它们会导致无法预测的鬼祟事件发生，例如闪电暴跌（Flash Crash）。如今的金融市场也培育出了魔鬼，凭借着高度的复杂性，它们可以肆无忌惮地干坏事。暗网的名字就叫作门（Tor，德语是"门"的意思），在这扇门里，人们可以完全匿名游走。它就是网络中的数字深海，没有任何的透光性。随着透明度的增加，黑暗也在滋长。

信息倦怠

1936 年，瓦尔特·本雅明（Walter Benjamin）将电影的接受形式描述为"震惊"（Schock）。与震惊相对的是人们在面对一副油画时的沉思（Kontemplation）姿态。但是震惊已经不再适用于描述我们今天的感知特点。震惊是一种免疫反应，和恶心相似。图像如今已经不能再引起震惊。就连令人反感的图像本身都以娱乐我们为目的（例如，荒野求生）。图像变得可消费。消费的绝对化消除了任何形式上的免疫学收缩。

强大的免疫力会抑制交流。免疫波越低，信息循环的速度就越快。高免疫波动则会放缓信息的交流。促进交流的不是免疫学意义上的抵抗力，而是点赞。

信息的快速流动也会加速资本的循环。因此免疫抑制（Immunsuppression）会造成大量信息侵入我们的世界，却不遭遇免疫力的抵抗。低免疫波会强化信息消费。但是不加过滤的大量信息会造成感知的完全麻木，这就是某些心理疾病的成因。

信息疲劳综合征（IFS, Information Fatigue Syndrom）就是由过量信息引起的一种心理疾病。患者抱怨分析能力不断下降，无法集中注意力，普遍焦虑，或者失去承担责任的能力。1996 年，英国心理学家大卫·刘易斯（David Lewis）对此病做了定义。起初，IFS 的患者主要为需要在工作中长时间处理大量信息的人群。如今我们每一个人都被 IFS 波及。原因在于，我们所有人都面对着快速增加的大量信息。

IFS 的一个主要症状是分析能力的瘫痪，而分析能力恰恰是思想的构成要素。过量的信息会让思想变形。分析能力是指，将与事情没有核心关联的信息从感知材料中剔除出去的能力。归根结底，它是区分重要与不重要的能力。显然，我们今天所面对的信息洪流削弱了这种将事物简化到本质的能力。然而，区分和选择的负面性是思想中必不可少的部分。所以，思维总是专属的（exklusiv）。

信息越多未必就会做出越好的决定。如今，随着不断增加的信息量，人们的高级判断能力也随之畸形。在很多情况下，信息以少为多。舍弃和遗忘的负面性在这里是能够带来生产力的。单纯靠更多的信息和更多的交流并不能点亮这个世界。透明性也不能让人变得睿智。大量的信息本身并不会创造事实，它无法让光照进黑暗。释放出的信息越多，世界就会变得越杂乱、越鬼祟。从某个临界点开始，信息不再能给我们带来资讯（informativ），而只会让事物变畸形（deformativ）；交流不再能带来沟通（kommunikativ），而只是单纯的叠加（kumulativ）。

信息疲劳综合征还包括一些典型的抑郁症症状。抑郁症首先是一种自恋的疾病。造成抑郁症的是极端的、病态放大的自我相关性。自恋的抑郁主体只能感知对他自身的正面反响。意义只存在于他能够自我识别的地方。他的世界只出现在自我的阴影之中。最后他在自我中沉溺、消耗、泯灭。我们的社会如今变得越来越自恋。推特和脸书一类的社交媒体强化了这种发展趋势，因为它们本身就是自恋的媒体。

IFS 的症状中还包括没有承担责任的能力。责任是一种和特定的精神条件以及时间条件密不可分的行为。它的首要前提就是约束力。和诺言以及信任一样，它约束着未来，使未来稳定。与之相反，如今的交流媒体促进的是放任、随意和短效。我们当今世界的一大特点是当下的绝对优先权。时间被驱散，变成了可支配的、当下的一个单纯排列。此时的未来变形为经过了优化处理的当下。当下的绝对化消灭了受时间牵制（zeitgebenden Handlungen）的行为，例如负责和许诺。

代理危机

　　罗兰·巴特将摄影描述为"所指（拍摄对象）的发散"[59]。它的本质是代理（Repräsensation）。从一个曾经存在过的真实事物中发散出的光感染了胶片。摄影将真实存在的所指的准物质痕迹保存下来，它与所指"如影随形"。"在动荡的世界中"，摄影和它的所指"注定具备相同的、爱与死亡所特有的不变性"[60]。摄影与它的所指"互相捆绑，密不可分，就好像因为受了某种酷刑和一具尸首绑在一起拖行的受审者，或者是水中仿佛永远在性交的、合二为一的一对鱼"[61]。

　　在巴特看来，摄影的真相在于它与所指不可分的宿命。也就是说，摄影受到真实存在的参照物的约束，它所呈现的是所指的发散。对所指的爱和忠诚是它的特点。摄影不是虚构或者操纵的空间，而是真实的空间。这也是巴特所说的"所指的顽固"（Eigensinn des Referenten）。[62] 他的《明室》（*Die helle Kammer*）一书就是围绕着他的妈妈在暖房中的一张（看不见的）照片展开的。母亲无疑就是所指，是他的哀悼以及这部哀悼之作的对象。母亲就是真相的守卫者。

"从天性来说，摄影有着复述（tautologisch）的意味：这里的烟斗始终还是个烟斗。"显然，在写下这句话时，作者眼前浮现的是雷内·马格利特（René Magritte）的《这不是一支烟斗》（Ceci n'est pas une pipe）一画。[63] 他为什么要多加强调摄影的真实性？难道是他已经预感到，在即将到来的数码时代，真实的所指终将被其自身的代理形式所取代？

数码摄影对摄影的真实性提出了彻底的质疑；它

永远地终结了代理的时代；标志着真实的完结。数
码摄影中不包含与真实之间任何关联。从这个意义
上讲，数字摄影又与《这不是一支烟斗》这幅画相
似。作为超摄影，它展现的是超现实，而超现实必然
比现实还要现实。在其中，现实只剩下引用式的、碎
片式的存在。来自现实的引用是彼此相关的，并且与
虚构相杂糅。这样一来，超摄影就打开了一个指向自
我的、超现实的空间，这一空间与所指完全脱节。超
现实不代理（repräsentieren）任何事物，它只是呈现
（präsentieren）。

摄影的代理危机在政治领域也有其映射。在《乌
合之众》中，古斯塔夫·勒庞指出，议会中的代表是
工人群体的杂役。这种政治上的代理是很强大的，因
为它直接与所指相关联。它真正地代表了它所代理的
工人群体的利益。如今，这种代理关系就好像在摄影
中一样，受到了极大的破坏。经济政治体系是自我指
向的，它不再代表公民或是公众。政治代表不再被看

作"民众"的杂役，而是自我指向的体系的杂役。这种体系的自我指向性就是问题所在。因此只要通过与真实所指，即人的反向耦合（或者说对人的反馈）就能克服政治危机。

以前集结成政党或是协会的，有着共同意识形态的群体如今已经土崩瓦解，成了完全由单一个体组成的群。也就是说，团体分解为孤立的数码宅人（Hikikomoris，蛰居族），他们不能构成公众社会，也不会参与任何公众话语。与自我指向的体系相对的是不参与政治的与世隔绝的个人。有真正的行动能力的政治意义上的我们（Wir）已经分崩离析。在公众社会日益消失，人们变得越来越自私、越来越自恋的前提下，会出现什么样的政治、什么样的民主？有没有必要搞一种"智能政治"（SmartPolicy），让选举、竞选、议会、意识形态、公众集会都变得多余？要不要搞一种数字民主，用点赞按钮完全代替选票？既然如今人人都自成一党，曾经作为政治基础（Horizont）的意识形态已经瓦解为无数的个人观点和个人立场，那么政党还有什么存在的必要？没有了话语，民主的存在还剩下多大可能？

从公民到消费者

20世纪70年代，美国市场上曾经出现了一款带有互动功能的电视系统QUBE（question your tube）。名字中的Q（question）指的就是互动的可能性。这种电视有一个键盘，人们可以用它来进行选择，例如在屏幕上显示的多款服装中挑选出自己中意的那款。这个电视系统也可以用来完成简单的选举流程。例如，它可以在屏幕上显示参选当地小学校长的候选人。观众通过一个按键就可以为某一个参选者投票。

傅拉瑟认为，QUBE系统中的投票与现场投票有着本质上的区别。在现场投票和其不可预见的后果之间横着这一条"时间的、本质意义上的鸿沟"[64]。我们不可能立刻了解到我们的决定会带来什么样后果。因此，每一次现场投票都是带着怀疑的，犹豫和踌躇与之相随。傅拉瑟认为，QUBE 系统让我们能够把现场投票分解为"点式的、分散的决定"，即将其碎化成"只有瞬间效用的"原子（actomes）。

从 QUBE 系统出发，傅拉瑟描绘了一幅未来民主的图景。QUBE 系统使得一种"直接的乡村民主"成为可能。[65] 浮现在傅拉瑟眼前的是一种"去意识形态的民主"，在这里只有知识和能力才是重要的："这也就意味着，在 QUBE 系统中，每一名参与者的能力以及每一种能力的分量都摆脱了所有意识形态的束缚而大白于天日。"[66] 在这种去意识形态的民主中，政客被专家取代，由后者来完成系统的管理和优化。到那时候无论是政治代表还是各个党派都变成了多余。

傅拉瑟又进一步将 QUBE 系统和一种乌托邦的生活方式联系在一起，在这里休闲和政治活动合二为一："如今对于 QUBE 系统的用户来说，休闲时光就是他们有效决定的发生场所；对屏幕的注视就是他们政治、社会和文化活动的发生场所；而他们的私人空间现在就是共和国（Republik），是公共之物。"[67] 政治是缪斯。（Politik ist Muse.）在傅拉瑟的美好将来里，政治参与不以任何耗时费力的"话语"为前提。如今，傅拉瑟梦寐以求的"大部分人都参与其中的、大大改进了的 QUBE 系统"已经变成现实。数字选举不仅可能，而且每天、每个小时都在发生。点赞按钮就是数字选票，互联网或者智能手机就是新的投票点。点击鼠标或者一段简短的键入就代替了"话语"。

傅拉瑟的"直接乡村民主"和他的网络思想一样，带有乌托邦的意味。但与他的理念相悖的是，政治决定从其根本意义上来说永远都是一种现场决定。那种"只有片刻功效"的、"点式的、分散的决定"其实堕落到了没有约束力的、无后果的购物决定的水准。

尤其在 QUBE 的电视屏幕上，选举和购物之间的差别
已经完全消失。人们推选某人就如同购物般轻松。如
此看来，"缪斯"原来是购物。它的主体不是游戏人
（Homo ludens），而是经济人（Homo oeconomicus）。

　　购物不以话语为前提。消费者只需购买自己喜欢
的东西，其中包含着个人偏好。点赞（即"我喜欢"）[1]
就是消费者的座右铭。消费者不是公民，因为公民的
特点是对集体的责任。在数字的广场上，投票点和市
场、城邦和经济已经相互融合，它的选民表现得和消
费者并无二致。可以预见，在不久的将来，互联网将
会完全取代投票点。到时候，就像在 QUBE 系统中一
样，选举和购物在同一个屏幕上，也就是同一个意识
层面上完成。拉票广告和商业广告互相混杂。就连执
政都会变得越来越像市场营销。到时候，政治意义上
的民意调查就和市场调查如出一辙。选民的观点可以

1　德语中"点赞"（Gefällt mir）的直译即为"我喜欢"。

通过数据挖掘来窥探。负面的意见可以通过有诱惑力的好处来祛除。在这样的世界里，我们不再是积极的行动者，不是公民，而是被动的消费者。

生活全记录

在数字的全景监狱（Panoptikum）里，是没有信任可言的，也完全没有信任的必要。信任是一种信仰的行动，在信息唾手可得的今天，它显得过于陈腐。信息社会让所有的信仰失信。有了信任，人们不必过多地了解对方就可以与其建立起联系。可以快速地轻易获取信息的可能性对信任不利。如此看来，如今的信任危机也是由媒体造成的。数字网络在极大的程度上简化了信息的获取过程，这也就导致了信任作为一种社会实践变得越来越不重要。信任让位于监控。因此，透明社会从其结构上来说接近于监控社会。在非常容易快速获取信息的地方，社会体系就会从信任切换到监控和透明。这是遵从效率逻辑的结果。

我们的每一次点击都会被保存下来,我们操作的每一个步骤都是可追溯的。我们无时无处不留下数字痕迹。在网络中,我们的数字生活被精准地呈现。全盘记录生活的可能性使得监控完全取代了信任。大数据(Big Data)当上了"老大哥"(Big Brother)。对生活的无缝式的完全记录让透明社会更加完满。

数字的监控社会有着一种特殊的全景监狱式的结构。边沁(Bentham)[1]的全景监狱是由彼此隔绝的囚室组成的。犯人不能彼此交流。由于有分隔墙,所以犯人们看不见彼此。为了达到改过自新的目的,犯人必须面对孤单。与之不同的是,数字全景监狱的居住者是彼此联网的,他们交流密切。对于他们来说,并不是空间和交流上的隔绝造成了全方位的监控,而是联网和"超交流"(Hyperkommunikation)。

1　边沁,英国法理学家、功利主义哲学家、经济学家和社会改革者。

数字全景监狱里的居民不是被抓捕的罪犯。他们生活在自由的假想中。他们自愿地自我展示和自我曝光，并且用以此产生的信息来供养着数字的全景监狱。自我曝光要比通过他人的曝光来得更加高效，因为它是和自由的感觉相伴相随的。在自我曝光的过程中，色情的展示和全景监狱的监控合二为一。监控社会的圆满源自其居民并不是由于来自外部的强迫，而是由于内心的需要而倾诉衷情；源自人们害怕失去私人空间的恐惧让位于恬不知耻地展现自己的需求，也就是说它源自自由和监控的不辨龙蛇。

看管和控制是数字交流的一个固有组成部分。数字全景监狱的特点就在于，"老大哥"和他的犯人之间的界限逐渐模糊不见。在这里，每个人都在监视别人，每个人也都在被监视。不仅国家的特工在监视着我们，像脸书或者谷歌这样的企业的作为也和秘密警察如出一辙。它们曝光我们的生活，以求从窥探得来的信息中获取资本。企业监视自己的员工。银行调查潜在的信用卡客户。德国通用信息保护协会 SCHUFA 的广告语"我们成就信任"就是纯粹的自我嘲讽。实际上,它恰恰全面地消灭了信任,取而代之以监控。

"我们为您提供 360 度的视角,帮您了解客户。"美国大数据公司安客诚(Acxiom)用这样一句广告语招揽订单。安客诚是如今数量暴增的大数据企业之一,它的数以万计的服务器掌管着巨大的数据库。安客诚位于美国阿肯色州的总部大楼就像特工组织一样,大门紧闭,安保森严。该公司拥有大约 3 亿美国公民的个人数据,这个数字接近所有美国人的总数。很显然,安客诚公司要比美国联邦调查局(FBI)或者美国国内税务局(IRS)都更加了解美国公民。

目前,数据间谍受经济驱动的一面和它的特工效用还很难明确地界定。安客诚公司的所作所为和秘密警察的行为并没有本质上的区别。但显然,安客诚要比美国特工的效率更高。在针对 2001 年 9 月 11 日的恐怖袭击的调查中,安客诚公司向美国当局提交了 11

名嫌疑人的个人相关数据。民主国家中的监控市场正在逐渐靠近数字监控国家，这是十分危险的。在如今的信息社会中，国家和市场越来越多地彼此融合。这时，安客诚、谷歌或者脸书这样的公司的行为就接近于国家特工的行为。二者经常动用同样的人员。而且脸书、股市和特工的算法操作相似，它们无一不在追求最大程度的信息榨取。

在互联网协议（Internet-Protokoll）悄无声息地更新到第六版之后，可供我们使用的网络地址几乎是无限的。因此为日常生活中的每一个物品都匹配一个网址的设想就成了现实。射频识别芯片（RFID-Chips）将物品本身变成了一个主动的发射器和交流的参与者，它可以自主地发送信息，并与其他的物品交流。这种物联网使得监控社会更加完满。我们周围的物品监视着我们。因此，我们现在还要受到我们每天使用的物品的看管。它们全日无休地将关于我们一举一动的信息发送出去。它们主动地参与到关于我们生活的完全记录之中。

谷歌眼镜许诺给我们的是无尽的自由。谷歌总裁谢尔盖·布林（Sergey Brin）激动地介绍了谷歌眼镜每十秒钟就能自动拍摄一张照片的功能，以及它拍摄的图片如何美妙。他认为，没有谷歌眼镜也就完全不可能获得这些美好的图象。但是，恰恰是这种数据眼镜创造了我们永远被陌生人拍摄的可能性。戴上了这种数据眼镜，实际上每个人都随身携带了一部监控摄像机。是的，数据眼镜把人眼本身变成了一个监控镜头。观看和监控完全同步。每个人都在监控，每个人都被监控。每个人都是"老大哥"，每个人又同时都是囚犯。这就是数字所成就的边沁全景监狱的完美结局。

精神政治

福柯认为，自 17 世纪以来权力不再表现为统治者的死亡权力（Todesmacht），而是表现为生物权力（Biomacht）。统治者的权力即是刀剑的权力，它以死亡相威胁。但是生物权力却反其道而行之，它着力于"促发、强化、监视、控制、积累和组织受压迫的力量"。它的目的在于"生产、培养和规训力量，而不是阻碍、打压和消灭力量"[68]。统治者的死亡权力以对居民的谨慎管理和监控为前提。与死亡权力相比，生物权力要更加细密、更加精准得多；前者由于其粗糙的特性而无法形成监控权力。但生物权力却可以进入到生物过程和生物法则之中；居民正是受着这些过程和法则的左右和操控。

生态政治意义上的监控仅包括外部因素，例如出生、死亡率，或是健康状况，等等。它不能进入或是干涉居民的心理。就连在边沁的全景监狱里的老大哥都只是监视着那些沉默无语的囚犯们的外部表现。对于他来说，犯人们的思想是不得而知的。

如今，另一种范式转换正在形成，即数字的全景监狱不是生态政治意义上的纪律社会，而是精神政治意义上的透明社会。而取代生物权力的就是精神权力（Psychomacht）。精神政治（Psychopolitik）可以借助数字监视读懂并且控制人们的思想。数字监视取代了老大哥的不可靠的、无效率的、隔岸观火的目光。数字监视之所以高效，是因为它是非远景的（aperspek-tivisch）。生态政治不能细腻地审阅人们的精神，但是精神权力却可以干涉人们的精神动态。

不久前，《连线》（Wired）杂志的总编辑克里斯·安德森以《理论的终结》（The End of Theory）为题，发表了一篇出色的文章。他断言，数量大到难以想象的数据会让各种理论模型变得完全多余："像谷歌这样，在巨大规模数据的时代里成长起来的企业，如今不必再去选择错误的模型。它们实际上根本不必去选择任何一种模型。"[69] 大数据分析可以识别能让预测成真的行为模式。假说的理论模型被直接的数据对比所取代。相互关联取代了因果关系。（数据证明的）"就是这样"让"为什么"这个问题变得多余："关于人类行为的所有理论都已经成为过去，从语言学到社会学。你尽可以把分类学、本体论和心理学都抛诸脑后。谁能说清，人们为什么做这件事，或者人们做什么事？他们就是做了，而我们可以用前所未有的精准度对其进行追踪和测定。只要有足够的数据，数字就会自圆其说。"[70] 理论是一种构想、一个辅助手段，用来补偿数据的不足。一旦有了足够的数据，理论就变得多余。从大数据中解读出大众行为模式的这种可能性就宣告了数字精神政治（digitale

Psychopolitik）的开端。

每一种新的媒体都揭示出一种潜意识。例如，照相机为我们提供了进入"视觉潜意识"的通道："在特写镜头下，空间延展；在慢动作中，运动拉伸。……所以，显然可以看出，与照相机对话的天性和与眼睛对话的天性是截然不同的。它们的不同之处主要在于，人们用意识编织的空间被潜意识交织的空间取代。……如果我们大体已经熟悉了拿打火机或者拿勺子那种触感，那么我们就几乎不能感知，在这个过程中手和金属之间究竟发生了什么，更不用说去感知随着我们自身状态的不同，这个过程有何变化。在这里，照相机凭借着它的辅助手段加以干涉，即它的下降与上升、中断与隔离、过程的伸展与晃动、放大与缩小。通过这些手段，我们才了解到视觉的潜意识，这就好比通过心理分析了解到本能的无意识一样。"[71]

相机这种媒体让肉眼不可见的东西，即视觉潜意识，显现出来。数据挖掘则让人们看见作为个体不曾意识到的集体行为模式。因此数据挖掘也就挖掘了集体潜意识。类比视觉潜意识，我们也可以将其称为数字潜意识（das Digital-Unbewusste）。从这层意义上来说，精神权力要比生态权力更加有效率，因为前者从内心出发对人们施加监视、控制和影响。通过侵入大众的潜意识思维逻辑，数字的精神政治强行影响人们的社会行为。数字的监视社会拥有进入集体潜意识的通道，以此干涉大众未来的社会行为，并且由此发展出极权主义特征。它将我们引渡给精神政治的程序设计和控制。生态政治的时代随之终结。我们如今正迈向数字精神政治的新时代。

注　释

[1] Marshall McLuhan, *Die magischen Kanäle*, Düsseldorf u. a. 1968, S. 29.

[2] "阿底顿"（Adyton）是希腊神庙中完全与外界隔绝的空间。

[3] Roland Barthes, *Die helle Kammer. Bemerkung zur Photographie*, Frankfurt a. M. 1985, S. 23.

[4] Christian Linder, *Der Bahnhof von Finnentrop. Eine Reise ins Carl Schmitt Land,* Berlin 2008, S. 422f.

[5] Gustave Le Bon, *Psychologie der Massen*, Stuttgart 1982, S. 2.

[6] Ebd., S. 3.

[7] Ebd., S. 5.

[8] Marshall McLuhan, *Wohin steuert die Welt? Massenmedien und Gesellschaftsstruktur*, Wien u. a. 1978. S. 174.

[9] Michael Hardt, Antonio Negri, *Multitude. Krieg und Demokratie im Empire,* Frankfurt a. M. 2004, S. 124.

[10] Michael Hardt, Antonio Negri, *Empire. Die neue Weltordnung,* Frankfurt a. M. 2003, S. 75. 103.

[11] Ebd., S. 420.

[12] DIE ZEIT vom 23.08.2012.

[13] *Interview mit dem ehemaligen Hamburger Bürgermeister Ole von Beust,* DIE ZEIT vom 31.01.2013.

[14] *Briefe Martin Heideggers an seine Frau Elfriede 1915–1970,* München 2005, S. 264.

[15] DIE ZEIT vom 12.07.2012.

[16] Jean-Paul Sartre, *Das Sein und das Nichts. Versuch einer phänomenologischen Ontologie,* Hamburg 1952, S. 344.

[17] Süddeutsche Zeitung Magazin, Heft 12/2013.

[18] Jacques Lacan, *Die vier Grundbegriffe der Psychoanalyse,* Weinheim u. a. 1987, S. 107.

[19] Zitiert in: Horst Bredekamp, *Theorie des Bildakts,* Berlin 2013, S. 17.

[20] Roland Barthes, *Die helle Kammer*, Frankfurt a. M. 1985, S. 124.

[21] Ebd., S. 129.

[22] Ebd., S. 104.

[23] Hannah Arendt, *Vita activa oder Vom tätigen Leben*, München 1981, S. 18.

[24] Ebd., S. 316.

[25] Ebd., S. 317.

[26] Flusser, *Medienkultur*, Frankfurt a. M. 1997, S. 188.

[27] Martin Heidegger, *Parmenides, Gesamtausgabe Bd. 54,* Frankfurt a. M. 1992, S. 125.

[28] Ebd., S. 119.

[29] Heidegger, *Parmenides*, Ebd., S.126.

[30] Martin Heidegger, *Was heißt Denken?*, Tübingen 1971, S. 51.

[31] Ebd., S. 211 f.

[32] Martin Heidegger, *Heraklit, Gesamtausgabe, Bd. 55*, Frankfurt a. M. 1979, S. 246 f.

[33] Martin Heidegger, *Vorträge und Aufsätze*, Pfullingen 1985, S. 161.

[34] Martin Heidegger, *Holzwege*, Frankfurt a. M. 1972, S. 22 f.

[35] Ebd., S. 36.

[36] Heidegger, *Zur Sache des Denkens*, Tübingen 1988, S. 78.

[37] Flusser, *Medienkultur*, Ebd., S. 213.

[38] Ebd., S. 214.

[39] Ebd., S. 212.

[40] Ebd., S. 213f.

[41] Ebd., S. 212.

[42] Flusser, *Kommunikologie weiter denken. Die Bochumer Vorlesungen*, Frankfurt a. M. 2009, S. 251.

[43] Flusser, *Kommunikologie*, Frankfurt a. M. 1998, S. 299.

[44] Flusser, *Kommunikologie weiter denken,* Ebd., S. 251.

[45] Flusser, *Medienkultur*, Ebd., S. 146.

[46] Flusser, *Kommunikologie weiter denken*, Ebd., S. 251.

[47] Hymnos an Nomos, in: *Orpheus, Altgriechische Mysterien*, München 1982, S. 107.

[48] Carl Schmitt, *Nomos der Erde*, Berlin 1950, S. 13 f.

[49] Martin Heidegger, *Vorträge und Aufsätze*, Ebd., S.104.

[50] Georg Wilhelm Friedrich Hegel, *Enzyklopädie der philosophischen Wissenschaften im Grundrisse III, Die Philosophie des Geistes,* in: *Werke in 20 Bänden*, Frankfurt a.M. 1970, Bd. 10, S. 25.

[51] Georg Wilhelm Friedrich Hegel, *Wissenschaft der Logik II*, Hamburg 1932, S.58.

[52] Hegel, *Enzyklopädie*, Ebd.

[53] Franz Kafka, *Briefe an Milena*, Frankfurt a. M. 1983, S. 302.

[54] Ebd.

[55] Martin Heidegger, *Prolegomena zur Geschichte des Zeitbegriffs, Gesamtausgabe, Bd. 20,* Frank- furt a. M. 1979, S. 412.

[56] Heidegger, *Holzwege*, Ebd., S. 35.

[57] Flusser, *Medienkultur*, Ebd., S. 187.

[58] Ebd., S. 156.

[59] Barthes, *Die helle Kammer*, Ebd., S. 90.

[60] Ebd., S. 13.

[61] Ebd.

[62] Ebd., S. 14.

[63] Ebd., S. 13.

[64] Ebd., S. 129.

[65] Ebd.

[66] Ebd.

[67] Ebd., S. 132.

[68] Michel Foucault, *Der Wille zum Wissen. Sexualität und Wahrheit I*, Frankfurt a. M. 1977, S. 163.

[69] *Wired Magazine* vom 16. 7. 2008: »Today companies like Google, which have grown up in an era of massively abundant data, don't have to settle for wrong models. Indeed, they don't have to settle for models at all.«

[70] »Out with every theory of human behavior, from lingustics to sociology. Forget taxonomy, ontology, and psychology. Who knows why people do what they do? The point is they do it, and we can track and measure it with unprecedented fidelity. With enough data, the numbers speak for themselves.«

[71] Walter Benjamin, *Das Kunstwerk im Zeitalter seiner technischen Reproduzierbarkeit*, Frankfurt a.M. 1963, S. 36.